VIOLA VIOLON

87, quai Panhard-et-Levassor – 75647 Paris Cedex 13
ISBN : 978-2-0812-6737-4

RACHEL HAUSFATER

VIOLA VIOLON

Flammarion Jeunesse

Pour Gabrielle.

Chapitre 1

Viola n'aimait pas son prénom. Elle ne l'avait jamais aimé. À la maternelle les autres petits l'appelaient « violet ». En primaire, les filles répétaient à toute vitesse « voilà Viola, voilà Viola » en gloussant, et ça la rendait folle. Mais depuis qu'elle était au collège, c'était bien pire : les garçons ricanaient sur son passage « Viola, on va te violer », et elle ne savait pas comment les faire taire. Quel prénom stupide ! Ses parents étaient allés le dénicher chez une arrière-grand-tante venue d'ailleurs. Héritage bien encombrant mais qu'elle ne pouvait pas refuser. Puisque c'était son prénom. Qu'elle n'aimait pas.

Jusqu'à ce jeudi de fin novembre où madame Maret, le professeur de français de la 6e A, fit un cours sur les mots dérivés. Pour une fois on s'amusait. Chacun cherchait à qui mieux mieux des dérivés originaux ou croustillants, et les rires fusaient.

Quand tout à coup Benny le moqueur se retourna en s'écriant : « Viola... violon ! »

Et pendant que madame Maret pérorait : « En italien, en effet, *violone* est un dérivé de *viola,* qui signifie *viole...* », Viola à son tour partit à la dérive. Elle se voyait en violon, soudain grandie, brunie, embellie. Benny venait de lui faire un beau cadeau sans le savoir. C'était la première fois qu'on disait quelque chose de gentil sur son prénom. C'était aussi la première fois que Benny lui disait quelque chose de gentil. C'était comme s'il avait allumé une lampe sous son prénom, l'éclairant d'une lumière mystérieuse et douce. Son prénom avait un sens, il avait une famille. Il venait de loin et avait des enfants. Et il savait même jouer de la musique !

Et elle ?

Elle, non. Elle ne savait pas. Mais elle allait apprendre ! Pour être à la hauteur de son prénom, pour lui aller et qu'enfin il lui aille. Elle voulait que son prénom et son moi se confondent : seul un violon saurait les accorder.

Viola, violon, violonnait-elle en rentrant chez elle après les cours. Mais où trouver un violon ? Pas dans les magasins de la cité. Pas au marché du centre non plus. Pas au commissariat. Pas à la poste. Pas au collège... et pourquoi pas ?

Le lendemain matin, à la récréation de 10 heures, elle courut à la salle 2 avant que le professeur de musique n'ait eu le temps de s'échapper. Madame Calvi était gentille, trop gentille, et les élèves pas gentils du tout avec elle. Elle fut donc contente de voir Viola venir lui demander un conseil, même si c'était l'heure sacrée du café. Mais la communication se révéla difficile.

— Je voudrais un violon.

— Mais je n'en ai pas, moi, de violon !

— Alors, où est-ce que je peux en trouver un ?

— Pour quoi faire ?

Bonne question.

— Euh... pour le voir, le toucher... l'écouter.

— Tu veux un disque ?

— Non ! Un violon !

— Alors, va au conservatoire.

— Au conservatoire ? Ils conservent quoi ?

— Mais la musique, ma petite, la Musique ! Et elle en a bien besoin, la pauvre, avec tout ce que vous lui faites subir.

Suivit le couplet habituel sur le rap très râpeux, la techno trop technique, et le hip-hop pas « top », mais Viola n'écoutait déjà plus. Elle se voyait arrivant au conservatoire et pénétrant dans un autre monde, magique.

La fin de la récréation sonna. La malheureuse madame Calvi, effondrée, vit débarquer une nouvelle horde d'élèves en grande forme ; comment allait-elle survivre, sans son café ? Quant à Viola, inconsciente du drame qu'elle avait provoqué, elle s'envola toute légère vers le cours d'anglais.

Le conservatoire ne se trouvait pas dans la cité. D'ailleurs, rien ne se trouvait dans la cité. Il était dans le centre-ville. Viola s'y rendit le mercredi suivant. Elle hésita un peu, intimidée devant ce grand bâtiment ancien, plein de petites moulures et de jolies sculptures, un des seuls survivants de la vieille ville dans cette ville trop nouvelle. C'était plus beau avant, se dit-elle.

Mais bon, trêve de considérations esthétiques. Il fallait entrer : Entre, Viola !

Dans le hall elle entendit, quelque part au fond d'un couloir, un violon qui l'appelait. Elle se dirigea vers le son plaintif qui enflait à mesure qu'elle se rapprochait de la salle Bizet. Quel nom bizarre... Benny s'en moquerait sans se priver. Elle attendit, derrière la porte, que le violon se taise. Elle frappa doucement et entra.

Devant elle se tenaient un homme et un jeune garçon. Et deux violons, un grand et un petit. Tous les quatre la regardaient d'un air interrogateur. Elle dérangeait, manifestement.

— Je m'appelle Viola, et je voudrais apprendre le violon, bredouilla-t-elle.

— Quel âge as-tu ? demanda le professeur.

— Onze ans. Je suis en 6e.

— As-tu déjà fait de la musique ?

— Non, à part de la flûte en CM1.

— Et du solfège ?

— Jamais.

Le professeur réfléchit quelques instants, puis reprit :

— C'est ennuyeux. Écoute, vu ton âge, il vaudrait mieux que tu commences le solfège et le violon en même temps. Je pense que le directeur sera d'accord. Mais il va te falloir beaucoup travailler. T'en sens-tu capable ?

— Oh oui ! s'exclama-t-elle.

— Tu sais, le violon est un instrument ingrat et exigeant. Quant au solfège, bien souvent les élèves détestent ça... n'est-ce pas, Damien ?

Pour toute réponse, le jeune garçon à ses côtés leva les yeux au ciel en grimaçant.

— Tes parents sont d'accord ?

— Bien sûr, mentit Viola.

— Réfléchis bien à tout ça, et reviens me voir quand tu seras prête.

Viola rougit, remercia, et sortit. Elle longea le couloir, descendit le grand escalier de marbre et se retrouva dehors. Elle fit trois pas dans le petit vent qui lui soufflait du courage, regarda vers le soleil qui lui fit un clin d'œil... et entra de nouveau dans le conservatoire. Cette fois elle marcha vite, frappa fort à la porte et dit, sans bafouiller :

— Ça y est, j'ai bien réfléchi. Je suis prête.

CHAPITRE 2

Le soir même, elle voulut parler à ses parents de sa découverte, mais la télé était allumée. Le lendemain matin au petit déjeuner, elle essaya de nouveau, mais la radio était allumée. Et le soir, c'est Viola qui s'était éteinte.

Elle décida d'attendre son premier cours. Qu'avait-elle à raconter pour l'instant ? Rien qu'un rêve, une idée, un mot.

Ce premier cours tant désiré eut lieu le mercredi suivant sa visite au conservatoire. Monsieur Setin avait accepté de la prendre à l'heure du déjeuner, entre deux autres élèves. Viola l'avait assuré que sa mère viendrait l'inscrire le samedi, et il avait bien voulu la croire. Elle semblait si impatiente !

Le soir même elle parla à ses parents, plus fort que la télé. Et ses parents l'écoutèrent, chose assez rare. Même son frère avait l'air intéressé, chose encore plus rare.

— Aujourd'hui je suis allée prendre mon premier cours de violon. Parce que je vous avais pas dit, mais j'ai très envie d'en faire. Alors, au conservatoire le prof, monsieur Setin, m'a dit qu'il voulait bien me prendre en cours d'année. On a commencé tout de suite, pour ne pas perdre de temps. Mais il faut que vous alliez m'inscrire. Ça ne va pas coûter cher, et puis ils m'ont prêté un violon...

— Combien ? interrompit son père.

— Tu veux dire... combien de violons ?

— Non ! Combien ça va coûter, cette affaire-là ? Tu sais bien qu'on est gênés en ce moment.

En ce moment ? Tout le temps, oui ! Viola ne voulait pas dire le prix, elle avait l'impression que le chiffre, pourtant pas très élevé, allait faire hurler son père et geindre sa mère. Elle avait peur que le chiffre n'arrête la musique. Maintenant qu'elle avait commencé, elle ne voulait plus arrêter. Elle ne pouvait pas leur expliquer le plaisir presque douloureux qu'elle avait ressenti quand monsieur Setin lui avait mis le violon dans les bras, qu'elle avait saisi l'archet et l'avait posé, respectueusement, sur les cordes. Le son n'était pas beau, mais qu'importe. Il le deviendrait.

Monsieur Setin lui avait déjà appris à tenir le violon et l'archet. Il lui avait donné des exercices à travailler, et un tout petit morceau de bébé, avec toujours les mêmes notes. Viola voulait qu'elles soient parfaites pour la semaine prochaine !

Elle ne répondit pas à la question de son père. Et lui ne reparla pas du coût. Peut-être qu'il ne voulait pas savoir ? Pour ne pas avoir à dire non ? En tout cas, la semaine suivante, sa mère l'accompagna au conservatoire, montra leurs fiches de paie maigrelettes à la secrétaire, et la somme baissa encore un peu. Elle paya pour le reste de l'année : « On ne dira rien à ton père, je me débrouillerai. » Maintenant que tout était arrangé, Viola pouvait jouer !

Et elle travailla. En musique, pour jouer il fallait travailler, et on travaillait en jouant. Quelle découverte ! Le travail pouvait être jeu, et le jeu un travail. Effort et récompense, peine et plaisir. Après quelques semaines, les sons devinrent moins grinçants et les leçons plus agréables. Elle avait commencé à poser les doigts de la main gauche, et du coup plein de nouvelles notes apparaissaient. Elle commençait à devenir violoniste. Du moins, c'était comme ça qu'elle se sentait. Mais... en avait-elle l'air ?

Car, avec la musique dans sa vie, pas question d'avoir la même allure qu'avant. Un soir, elle s'examina dans la glace. Elle n'y vit qu'une simple fille, sans rien de particulier. Et pourtant, elle l'était, particulière. Comment le montrer ?

Elle regarda ses cheveux : ni frisés ni raides, ni noirs ni blonds, ni longs ni courts. Des cheveux quoi, qui ne racontaient rien. Qu'est-ce qui irait bien avec le violon, comme coiffure ? Des nattes bien sûr ! Mais attention, pas sur les oreilles, ça fait gamine. Derrière : ça, ça fait jeune fille. Elle tira sur ses mèches pour les allonger, mais ça ne descendait pas bien bas. Elle forma des croisillons bien serrés, combien ça en faisait ? Dix ! Et quelle tête elle avait ? La même, mais en plus ancien, en plus doux. C'était un début.

Le visage, pas le droit d'y rien changer, les parents hurleraient s'ils y voyaient du maquillage. Mais quand elle mettait de la musique dans ses yeux, ils paraissaient plus grands, comme noyés, et c'était beau. Ça allait avec les nattes. Et elle pouvait toujours se pincer les joues pour qu'elles soient roses. Et mettre du brillant à lèvres, en faisant croire que c'était du baume.

Les habits, en revanche, elle pouvait les changer. Finis les joggings mous et les sweat-shirts uniformes. Il lui fallait du noir, du rouge et du vert foncé, du velours et de la laine. Il lui fallait du beau et du vrai. Elle déversa pêle-mêle le contenu de son armoire sur le lit et tria. Elle ne conserva que les jolies tenues de fête, les vieux pulls trop larges, la chemise blanche, les jeans et la tunique brillante. Avec ça elle pouvait avoir tous les jours l'air d'être... qui ? Mais Viola bien sûr. Celle qui jouait du violon !

Au centre commercial, elle se fit percer les oreilles avec son argent de Noël. Elle avait assez pour s'acheter aussi des boucles pas chères, pas en or. Elle choisit des anneaux dorés, ça faisait Sud, et lui donnait l'air lointain, sauvage.

Son allure avait changé. Sa vie aussi. Avant, elle allait toujours chez Nadia après les cours. Elles se vautraient sur le canapé et regardaient les séries nulles à la télé en se gavant de chips. Quand la mère de Nadia rentrait du travail, elle criait parce que les devoirs n'étaient pas faits, le dîner pas prêt et les chips par terre, et Viola repartait chez elle, où sa mère criait parce que les devoirs n'étaient pas faits, le dîner pas prêt et la vie trop laide. Viola se sentait moche et bête et nauséeuse. Elle bâclait ses devoirs, picorait son dîner, et allait se coucher triste et dégoûtée.

Dorénavant, après les cours, elle n'allait plus chez Nadia. Elle rentrait directement et se ruait dans sa chambre dès qu'elle arrivait. Plus de chips, ça rendait les doigts glissants. Elle croquait une pomme, ou buvait un yaourt liquide, qu'elle empoignait entre deux exercices, puis reposait dans un coin et bien souvent oubliait.

Viola travaillait son violon pendant des heures. Les exercices et les morceaux que monsieur Setin lui donnait, et puis aussi les airs qui lui venaient tout seuls, de plus en plus souvent, de plus en plus jolis. Vers sept heures sa mère tambourinait à sa porte, parce que les devoirs n'étaient pas faits, et le dîner pas prêt, « et par pitié arrête ce bruit, ça me rend folle ! ». Alors Viola soupirait, reposait tendrement son violon dans son étui de velours, puis elle bâclait ses devoirs et picorait son dîner. Mais quand elle se couchait, elle se sentait bien, elle se sentait belle et riche et grande. Elle rêvait de notes, qui lui faisaient comme une traîne. La nuit elle jouait encore, et le monde entier l'écoutait.

Chapitre 3

Viola avait changé et toute sa vie aussi. Enfin... presque toute. Il restait les courses au supermarché, stupides et ennuyeuses, qu'elle faisait chaque samedi avec sa mère. Comment les embellir, les « musiquer » ? Viola avait tout tenté : chanter tout bas, faire glisser le Caddie comme un archet, fermer les yeux, fermer les oreilles... mais rien n'y faisait. Les courses restaient les courses. Elle avait même essayé de réciter les notes du morceau qu'elle travaillait, mais des noms de marque avaient surgi à leur place : do... b, ré... cure-rien, mi... nidur, fa... bulo, sol... érou, la... vazzi, si... pratruc ! Oh... secours !!!

Alors elle se résigna à faire les courses sans musique. Mais quand elle rentrait, elle balançait tout à la hâte dans le frigo et les placards, se ruait dans sa chambre et ah ! enfin ! elle se jetait dans les bras de son violon. La musique était son refuge, sa petite île, gratuite et libre. Rien à vendre, tout à prendre. Rien à acheter, tout à donner.

Quand elle sortait, elle aimait prendre son violon avec elle. Elle le « mettait » comme on met une armure, une cuirasse, un uniforme. Il lui tenait chaud quand elle marchait le long des immeubles froids. Il était si beau au milieu de la cité si laide. Elle ne voulait voir que lui.

Avec lui dans les bras, elle se sentait protégée. Il éloignait les gêneurs, faisait taire les moqueurs. Il la séparait des autres, l'élevait au-dessus d'eux. Les gens la regardaient bizarrement, comme si elle était handicapée. On aurait dit qu'ils se méfiaient d'elle. Parce qu'elle était d'un autre monde, elle était *différente.* Elle était magique car elle savait faire de la beauté. Elle connaissait une langue étrange, à l'écriture mystérieuse, qu'eux ne savaient ni parler ni comprendre.

C'est vrai qu'elle parlait les deux, maintenant. La musique avait cessé d'être une langue étrangère pour elle, et était devenue non pas une langue maternelle, mais une langue... « musicielle ». Elle l'avait apprivoisée, même si parfois elle résonnait encore étrangement à ses oreilles. Certains cours, quand monsieur Setin lui donnait des consignes, elle avait l'impression qu'il était devenu fou :

Attention au sillet : il est vraiment si laid !

Au talon : on joue avec les pieds ?

Tiens ta note : sinon elle va se sauver.

Pas lié : sur le palier.

En cordes à vide : encore, David !

Mais elle aussi était folle. Alors elle lui répondait dans la même langue, celle du pays de musique, son pays.

Si seulement il n'y avait eu qu'à parler... Mais il fallait aussi lire ! Apprendre à lire dans cette langue-là. Et à écrire. Apprendre les lois de ce pays, ses règles et ses coutumes.

Les cours de solfège étaient arides et ressemblaient à ceux du collège. Mais ils étaient obligatoires. Contrainte mais pas vraiment forcée, Viola apprenait les notes et les clés, les rythmes et les tonalités. Elle battait la mesure et dessinait des portées. Elle s'ennuyait mais elle apprenait. C'était le prix à payer, le prix du violon, pas trop cher au fond.

La nuit, elle voyait toutes ces notes noires se transformer en petites bêtes, des petits poux qui faisaient une ronde infernale autour d'elle. Les portées devenaient des barbelés, qui l'enfermaient.

Mais au matin, elle les aimait tous, tous ces signes, mais aussi toutes les choses autour d'elle, et même tous les gens. D'aimer la musique lui rendait tout et tout le monde plus aimables. Elle-même, d'abord : à présent elle se respectait. Ses parents aussi elle les supportait mieux. Il lui arrivait de faire le repassage, juste pour voir le sourire reconnaissant de sa mère la caresser. Parfois le soir elle regardait n'importe quoi à la télé, simplement pour être avec son père. Son frère Marc n'était pas méchant après tout, juste casse-pieds. Les profs ne lui paraissaient plus tous insipides ou fous furieux. Et ses copains étaient sympas, même s'ils se méfiaient de son violon, comme s'ils en avaient peur.

Sauf Benny. Lui n'avait peur de rien et surtout pas d'un violon. Il n'avait peur de personne et sûrement pas de Viola. Il traînait souvent le mercredi sur la dalle au pied des immeubles de la cité. De loin elle voyait ses boucles brunes s'agiter. Benny bougeait tout le temps, et il parlait sans arrêt. Quand il la voyait passer, toute fière et toute fragile, il se moquait d'elle.

— Qu'est-ce que tu fais encore avec ton bout de bois pourri ?

— Il n'est pas pourri !

— Non, t'as raison. C'est toi qui es pourrie, à rester toujours enfermée.

— Mais je ne peux pas jouer du violon dehors !

— Alors, arrête de jouer !

— Mais j'aime ça, jouer du violon.

— Eh bien, continue, va, bouffonne. Joue toute seule.

Et il partait, la laissant toute bête et un peu triste. Pourtant elle croyait bien ne pas l'aimer, Benny.

Mais parfois elle rêvait qu'il l'écoutait jouer. Et qu'il aimait l'écouter jouer. Et qu'elle aimait qu'il aime l'écouter jouer.

Elle avait honte de ce rêve. D'abord parce qu'elle n'aimait pas Benny. Ensuite parce que jamais il ne prendrait ou plutôt perdrait le temps de l'écouter. Enfin parce que jamais Benny n'admirerait une fille. Alors jamais elle ne l'aimerait bien.

Pourtant, parfois elle rêvait.

Chapitre 4

Les mois passaient et tout allait bien, grâce au violon. Jusqu'au jour où plus rien n'alla. À cause du violon.

Ce violon qu'elle avait tant chéri, elle ne pouvait plus le supporter. Pas le violon en général, non, ce violon en particulier. Qu'avait-il fait pour être ainsi rejeté ? Rien, le pauvre. Simplement, il ne lui appartenait pas.

En progressant, Viola avait petit à petit ressenti l'envie d'avoir son propre violon. Un violon avec lequel elle pourrait tout donner, qu'on ne lui reprendrait pas. Un violon fidèle, un violon à elle.

Curieusement, elle en parla à Benny. Entre les disputes et les moqueries, ils s'étaient mis à passer beaucoup de temps ensemble et commençaient à bien se connaître. Mais ils n'étaient jamais d'accord sur rien.

— Je vais t'en voler un, de violon, pas de problème.

— Non ! S'il est volé, il refusera de jouer.

— T'es folle ou quoi ? C'est qu'une chose, il saura même pas qu'il est volé.

— Mais si, il saura. Un violon, ce n'est pas une chose. La preuve, ça a une âme. Regarde.

Et Viola lui montra le petit cylindre de bois coincé sous le chevalet et qu'on appelle l'âme. Ça lui faisait tout drôle de voir Benny tenir maladroitement le violon entre ses grosses paluches et regarder, l'air presque intéressé.

Et ça lui fit encore plus drôle quand il lui demanda de lui jouer quelque chose, mais de pas trop long, hein. Comme son rêve, sauf que là c'était dans la vie. Elle joua mal, elle était si intimidée que ses doigts tremblaient, pourtant Benny trouva qu'elle jouait « trop bien ». Et qu'elle avait raison, il lui fallait un violon. La discussion reprit.

— C'est vrai que c'est plus difficile de voler un violon qu'un paquet de chips.

— Ah bon ! se moqua Viola. Et pourquoi ?

— D'abord, c'est quand même assez gros. Et puis tu as raison. On dirait que c'est vivant. Et s'il se mettait à crier ?

— T'as tout compris, lui dit Viola tendrement.

Il n'était pas idiot, Benny. Juste encore un peu endormi. Mais il se réveillait, petit à petit.

— Alors comment faire ? Tu ne peux pas jouer toute ta vie sur celui-là, puisque c'est pas le tien.

— Peut-être qu'au magasin d'instruments ils sauront comment je peux faire. Mais viens avec moi, Benny, je t'en prie, je n'ose pas toute seule.

— Pauvre pomme ! Allez, on y va !

Ils prirent le bus et comme d'habitude Benny ne paya pas, et Viola n'était pas contente. Arrivés devant le magasin, ils regardèrent longuement les instruments exposés dans la devanture : des guitares, des batteries, et de l'autre côté des pianos, tous rutilants et chers, si chers. Où étaient les violons ?

Viola voulait repartir ; Benny, lui, énervé d'être venu pour rien, poussa la porte et entra, Viola très intimidée à sa suite. Il lança à la cantonade :

— Y a pas d'violon, ici ?

Un homme s'approcha, souriant.

— Si, y a des violons. Combien de kilos en veux-tu ?

— C'est pas moi, c'est elle. Elle en veut juste un, un petit pas cher, mais un beau, hein !

Viola rougit, elle trouvait que Benny présentait mal les choses. Mais comment lui en vouloir ? Il faisait à sa manière, et après tout, sans lui, elle ne serait pas entrée, ni même venue. Elle bredouilla :

— Voilà, je voudrais acheter un violon mais je n'ai presque pas d'argent. Comment faire ?

— Tu joues déjà ?

— Oui, depuis décembre, sur celui que le conservatoire m'a prêté. Mais il est un peu petit, et puis j'en voudrais un à moi.

Le vendeur alla au fond de la boutique, réfléchit un moment en se grattant la tête puis descendit un étui d'une étagère. Il en sortit un violon roux, et dit à Viola :

— Montre-moi ce que tu sais faire.

Viola le prit et elle se mit à jouer. Le son en était rond et moelleux, et elle sentit son cœur se serrer de désir. « Je le veux, je l'aime, c'est mon violon », criait-elle en silence. Elle joua encore un peu puis s'arrêta, les yeux humides. Elle regarda le vendeur, pleine d'espoir et de désespoir mêlés.

— Tu joues bien, pour quelqu'un qui ne joue que depuis six mois. Tu mérites un violon. Si tu veux acheter celui-là, je veux bien te le vendre à crédit.

— ?

— À crédit, c'est-à-dire que tu me le paies un petit peu chaque mois. Quand tu as tout payé, il est à toi.

— Il vaut combien en tout ?

— Quatre mille francs. Tu peux me donner deux cents francs par mois pendant vingt mois, et dans moins de deux ans tu auras fini. Je ne te compterai pas d'intérêts.

Deux cents francs. C'était à la fois énorme et presque rien. Viola réfléchit très vite. Elle proposerait à sa mère de ne plus manger à la cantine, elle se ferait un sandwich à la place, et l'argent irait pour le violon. Tant pis pour le repas chaud, elle avait envie de faire des sacrifices pour son violon, de souffrir même un peu.

Et puis, au conservatoire, il y avait des petits que leurs parents n'avaient pas le temps de faire travailler ; elle proposerait ses services de répétitrice. Et puis et puis et puis... elle trouverait les deux cents francs.

Le vendeur sortit un contrat de sous sa caisse, il prit son nom, son adresse, et lui dit qu'il avait obligatoirement besoin de la signature de ses parents. Viola sentit son cœur s'arrêter. Ils allaient dire non, c'était sûr. En la voyant se troubler, le vendeur lui dit d'emporter le contrat et d'expliquer à ses parents. Si ça posait un problème, ils pouvaient toujours venir avec elle, il leur expliquerait. Et s'ils ne voulaient pas venir, que Viola revienne seule et on verrait.

En sortant, Benny, qui était resté remarquablement silencieux pendant tout ce temps, y alla de son petit conseil. Bien sûr, il était d'avis de ne rien dire aux parents, que Viola signe elle-même, qu'elle revienne seule « et on verrait ». Mais Viola ne voulait pas mentir, ni cacher. Elle ne voulait pas d'un violon honteux, d'un violon secret. Sans parler des complications et des drames qui ne manqueraient pas de surgir le jour où ses parents découvriraient à la fois le violon, le mensonge, la fausse signature et les dépenses. Alors, elle décida de leur demander.

Elle leur en parla le soir même, pendant le repas et pendant la télé, ce qui n'était pas très diplomate. De toute façon, il y avait toujours la télé. D'abord ils ne répondirent pas et elle crut qu'ils n'avaient pas entendu. Elle releva la tête qu'elle avait tenue baissée tout le temps où elle bafouillait ses explications, et s'apprêtait à tout répéter, quand elle les vit la regarder en silence. C'est foutu, pensa-t-elle, c'est non, pas de violon. Mais son père dit :

— D'accord.

Et sa mère ajouta :

— Et pas question que tu ne manges pas à la cantine. On se débrouillera. Essaie de gagner un peu d'argent en faisant travailler les petits. Mais tu l'as mérité, ce violon, hein papa ?

— C'est vrai. On sait que tu travailles dur, ma grande.

Ils le savaient ? C'est donc que tout ce temps ils l'écoutaient ! Viola se croyait seule, et croyait aimer l'être. Mais c'était encore mieux de se savoir écoutée, aimée, admirée. C'était mieux de ne pas garder toute la musique pour soi, et de la donner aux autres.

Alors, le samedi suivant, elle retourna au magasin d'instruments avec ses parents. Une fois rentrée, elle se jeta sur le téléphone pour appeler Benny, et lui chuchota fiévreusement :

— Ça y est ! J'ai MON violon.

Et tout le reste de l'après-midi elle joua sur SON violon.

CHAPITRE 5

L'année se terminait bien. Grâce à son violon, Viola était en paix. Elle le cirait amoureusement, le polissait, le caressait. Elle le portait comme un trésor et lui parlait comme à un enfant.

Elle se sentait toute-puissante, gagnante. Elle faisait travailler deux petits violonistes de première année trois fois par semaine, cela lui rapportait juste de quoi payer les mensualités du violon. Elle n'en savait pas beaucoup plus qu'eux, mais son enthousiasme était communicatif et avec elle les petits garçons faisaient leurs exercices sans rechigner.

Tous les deux habitaient dans le centre, un pavillon avec un jardin. Cela lui faisait envie : elle aurait tant aimé pouvoir jouer dehors. Quand elle rentrait dans sa cité trop haute et incolore, elle se disait qu'il lui faudrait jouer vraiment très fort et très longtemps pour s'envoler au-dessus des immeubles sales. Mais elle avait du courage. Et son violon. Tous les deux ensemble, ils étaient invincibles.

Fin mai, Viola put présenter les morceaux des deux premiers niveaux, débutants I et II, et réussit les deux examens. Monsieur Setin était ravi. À la rentrée, elle passerait en troisième année directement.

— Et au fait, les vacances ? demanda-t-elle un soir à ses parents, étonnée que personne n'en parle.

— Pas de vacances, répondit son père, toujours aussi bavard.

Pas de vacances ? Pas de vacances ! Mais pourquoi ? Parce que pas d'argent et pas de temps. Papa avait un nouveau travail et maman était toujours aussi mal payée. Parfois elle les détestait d'être si pauvres, si médiocres, d'être des petits alors qu'elle, elle voulait être grande !

C'était comme ça, ils étaient comme ça. Mais pas elle ! Elle allait se faire ses vacances toute seule, partir dans sa tête, voyager sans bouger. Après tout, les bains de piscine, c'est presque aussi bien que ceux de mer. Presque. La beauté et l'odeur en moins. L'immensité en moins. Les mouettes et la liberté en moins. Mais enfin, on peut se mouiller et nager et bronzer. Et puis Paris n'était pas loin, et beau à visiter, pas cher et plein de ressources.

Elle pourrait y aller avec Nadia et d'autres filles qui ne partaient pas non plus.

Le plus beau voyage, elle comptait bien le faire avec son violon. Elle demanda à monsieur Setin un gros et vaste programme de travail pour l'été. Il lui prêta des partitions. Il lui conseilla aussi d'écouter de la Grande Musique. Grande comment ? La plus grande ! Puisqu'elle n'avait pas de disques classiques chez elle, il lui suggéra de s'inscrire à la discothèque de la ville et lui fournit une liste d'œuvres à découvrir.

Viola s'y rendit et emprunta d'abord le *Concerto pour violon* de Mendelssohn. La première fois qu'elle l'écouta, cela lui fit si mal qu'elle faillit arrêter. Mais ce mal ne lui faisait pas de mal, plutôt du bien au contraire. Alors elle laissa la musique l'emporter. C'était triste, et tellement beau. Et grâce à cette musique, elle se découvrait triste, et belle aussi.

Elle retrouva cette émotion violente avec l'*Adagio pour cordes* de Samuel Barber. En l'écoutant, elle se sentit tomber, comme happée par un tourbillon. C'était un sentiment presque insupportable, et pourtant elle remit le disque encore et encore, comme droguée. Rien, jamais, n'avait été aussi fort.

Elle devint une habituée de la discothèque. Jour après jour elle y retournait pour emprunter tous les disques conseillés par monsieur Setin. Il y avait beaucoup d'œuvres de violon dans la liste, bien sûr, mais pas seulement. Des morceaux de piano aussi, certains délicats et tendres, d'autres furieux et forts. Des opéras, qu'elle trouvait un peu ridicules mais qui lui donnaient la chair de poule. Et du violon, du violon, du violon, joué comme elle ne le saurait jamais...

Bien sûr, elle ne comprenait pas tout, parfois même elle s'ennuyait, ou détestait ce qu'elle écoutait. Mais ce n'était pas grave, ça faisait quand même du bien. Ça la lavait, la calmait, la caressait. Ça consolait, cette musique-là, même si Viola ne savait pas bien de quoi.

Avant elle n'aimait que le rap, et quelques chansons tendres. Elle ne connaissait que les musiques qui dansent et qui sautent. Et aussi celles qui coulent et collent. Mais elle n'avait jamais entendu de la musique qui pleure. Et qui raconte, sans mots, d'étranges choses. Un autre monde lui apparaissait, si vaste. Qu'elle découvrait en elle.

À côté de la discothèque, il y avait la bibliothèque. Viola y entra un jour, prudemment. Comme personne ne lui demandait rien, elle s'enhardit et s'installa dans un fauteuil avec toute une pile de BD à ses côtés. De toute façon, il pleuvait dehors. Quand elle releva la tête, il était déjà tard et la bibliothèque allait fermer. Au moment où elle passait la porte, une dame lui demanda :

— Tu ne prends rien ?

— Je ne suis pas inscrite.

— Viens ici, je vais t'inscrire.

Aussitôt dit, aussitôt fait. Puisqu'elle était inscrite, elle pouvait emprunter ce qu'elle voulait. Mais quoi ? Elle n'osait pas choisir de BD devant la dame. Alors elle prit au hasard un livre sur un présentoir, avec une fille très brune sur la couverture.

Rentrée chez elle, après avoir joué un peu de violon, elle commença à le lire. Et partit, loin, très loin, là où il fait toujours chaud et où les gens sont très pauvres. Quand elle revint, pour le dîner, elle fut contente de voir la pluie continuer à tomber et la table bien garnie. Et puis elle repartit dans son pays du Sud, avec ses nouveaux amis.

Maintenant elle avait deux cartes magiques, des laissez-passer qui lui ouvraient toutes les portes. Chaque nouveau morceau, chaque nouveau livre l'emmenait plus loin et plus haut. Elle en était sûre, c'était par là la liberté.

Chapitre 6

Mais Nadia n'était pas de cet avis. Elle lui reprochait de lire des livres « prise de tête » et d'aimer des musiques « pas de chez nous ». Comme si la musique avait des frontières, comme si la musique était raciste !

De toute façon, avec Nadia, les choses n'allaient plus du tout. À la rentrée de 5e, elle prit l'habitude de s'asseoir en cours à côté de Jennifer, et Viola se sentit brusquement abandonnée. Jalouse même, quand elle les regardait rire et chuchoter ensemble ; peut-être est-ce qu'elles se moquaient d'elle ? À la sortie du collège, elle les voyait s'éloigner bras dessus bras dessous, et même si elle avait hâte de rentrer travailler son violon, cela lui faisait mal.

C'est vrai qu'elle avait beaucoup délaissé Nadia tous ces derniers mois. Délaissé, mais pas abandonné. Et Nadia n'avait pas paru en souffrir. Avant, quand elles étaient petites, quand elles étaient en 6e,

Nadia lui posait des questions sur son violon, l'accompagnait parfois au conservatoire ou l'écoutait jouer dans sa chambre. Mais maintenant qu'elles étaient grandes, maintenant qu'elles étaient en 5ᵉ, Nadia ne l'aimait plus et lui parlait à peine.

Elle se rendit compte qu'elle travaillait avec moins d'entrain. Elle avait une boule en permanence coincée dans la poitrine. Était-ce du chagrin, de la jalousie, trop de solitude ? Était-ce tout ça mélangé ? Elle se confia, un peu, à Benny, qui, toujours de bon conseil, lui répondit :

— T'as qu'à lui dire, qu'elle te manque, à ta copine.

Alors elle lui dit, qu'elle lui manquait, à sa copine. Elles étaient dans la cour, à la récréation de 10 heures. Il faisait très froid, c'est peut-être ça qui remplit les yeux de Nadia de petites larmes. Elle lui répondit en reniflant :

— Toi aussi tu me manques. Mais c'est toi qu'es partie.

— Partie ? Mais non Nadia. J'ai toujours été là.

— Partie avec ton violon. Pourquoi ?

— Pourquoi le violon ?

— Non, ça je crois que j'ai compris. Mais pourquoi tu travailles comme ça ?

Pourquoi ? Viola tenta de lui expliquer, et c'était difficile. Elle ne savait pas vraiment elle-même.

— Parce que travailler le violon, c'est jouer. Et ça me fait du bien. Je croyais que ça me fatiguerait et que ça me viderait. Et c'est vrai, ça me fatigue ; mais ça me remplit.

— Et pourquoi tu regardes plus la télé ?

— Mais si, je regarde des films parfois, le soir... Mais je ne la regarde plus l'après-midi, parce que, sinon, quand est-ce que je travaillerais mon violon ?

— Et ça te manque pas, nos séries-chips ?

— Les séries, non : elles étaient nulles. Les chips un peu. Et toi beaucoup.

— Pourquoi tu ris plus avec moi ?

— Parce qu'on ne se voit plus. Tu vas avec Jennifer.

— Et toi tu vas avec ton violon.

— Mais c'est pas pareil.

— Si, c'est pareil.

Non, c'est pas pareil, pensa Viola. Mon violon est beau, pas Jennifer. Mon violon pense, Jennifer non. J'aime mon violon, et je n'aime pas Jennifer. Mais elle ne dit rien de tout ça, et proposa à la place :

— Viens m'écouter jouer, j'ai fait de gros progrès. Et on mangera des chips. Et on parlera. Et on rira. Comme avant.

Et Nadia vint. Elle écouta, pas très longtemps mais vraiment. Elle était admirative, mais continuait à dire que le violon, c'était pas son truc.

— Mais ce n'est pas grave, lui rétorqua Viola. Ce qui compte, c'est d'avoir un truc. Chacun le sien. Et d'aller au fond de son truc, de le faire bien, d'en profiter au maximum. Et de le faire partager, un peu, aux autres.

— Mais je n'ai pas de truc, moi, se plaignit Nadia.

Ça, c'était vrai. Nadia aimait tout, donc rien, elle n'aimait rien, donc n'importe quoi. Comme Viola ne savait pas quoi répondre, Nadia reprit en geignant :

— Toi, tu es spéciale. Mais moi je suis comme tout le monde.

— Ah non ! Personne n'est comme tout le monde. D'abord, tout le monde n'existe pas. Et puis on a tous quelque chose de spécial, un signe particulier. Seulement parfois il faut le chercher.

Et Viola promit à Nadia qu'elle l'aiderait à trouver. Et Nadia se remit à côté d'elle en cours.

Souvent Jennifer se joignait à elles aux récréations, et Viola commençait à la trouver moins bête, bien qu'avec Nadia elles parlent tout le temps de fringues. Mais quand elle sentait venir une réflexion méprisante, du genre « y a que ça qui vous intéresse ? », elle se retenait en pensant « chacun son truc ».

Chacun son truc ? Mais alors, c'était ça le truc de Nadia : les habits. Elle lui en parla, la poussa à acheter des magazines de mode, des beaux, avec de magnifiques photos sur papier glacé. Devant ses magazines Nadia rêvait, mais elle rêvait plus haut qu'avant.

Nadia se mit à coudre, et se rendit compte que sa mère pouvait l'aider. Un jour, elle arriva en cours toute fière. Elle avait sur le dos la petite veste noire cintrée dont elle rêvait et qu'elle n'aurait jamais pu se payer. Ce jour-là Viola se sentit heureuse, et soulagée.

Aux vacances de Pâques, un matin, elles allèrent ensemble au musée de la Mode à Paris. Elles déjeunèrent dans un fast-food et passèrent l'après-midi à la Cité de la musique...

Chacun son truc...

CHAPITRE 7

Viola se sentait de nouveau apaisée, et travaillait d'arrache-pied. Cette année aussi elle prépara deux niveaux à la fois, Préparatoire I et II, et les réussit tous les deux. Toute la famille partit en vacances en Charente-Maritime. Les gens du camping se plaignaient tellement de son violon qu'elle se réfugiait sur la plage pour jouer, tôt le matin ou tard le soir. C'était comme dans une histoire. Son histoire.

L'année de 4e s'annonçait chargée. Elle avait beaucoup d'heures de cours, beaucoup de devoirs, et beaucoup, beaucoup de violon. Pour tout réussir, elle avait besoin de calme. Pourtant le calme, elle ne l'eut pas longtemps.

Les problèmes vinrent de Benny, cette fois. Ils rentraient ensemble du collège et il pleuvait. Benny, d'habitude si pétillant, avait le regard sombre et le pas traînant. D'ailleurs, depuis quelque temps, il était toujours de mauvaise humeur. Dès qu'ils se retrouvèrent seuls il attaqua :

— Pourquoi tu aimes tant ça, jouer du violon ?

Que lui répondre ? Il y avait tant de raisons emmêlées, qu'elle ne pouvait lui expliquer. Le violon l'avait guérie de sa peur de vivre. Il la protégeait et la rendait forte. Maintenant ses jours avaient un sens et ses nuits étaient paisibles. Avec lui elle se sentait belle. Il lui avait fait découvrir la joie et la tristesse. Mais comment dire tout ça à Benny sans qu'il se moque ? Il n'aimait pas les grands mots, juste les gros. Alors elle répondit simplement :

— Parce que c'est mon ami.

— Mais pourquoi tu l'aimes TANT ?

— Je ne sais pas... peut-être parce que maintenant je sais où je vais.

— Où ça ?

Où ça ? Mais vers plus de musique ! Vers le haut. Vers le loin. Depuis qu'elle jouait, elle avait découvert un nouveau monde, vaste et coloré, un monde magique... et impossible à décrire. Comme elle ne répondait pas, il s'énerva :

— Eh bien, pour quelqu'un qui sait où il va, tu m'as l'air drôlement paumée ! T'as même pas vu qu'on était passés devant chez toi. Allez, salut !

Et il rentra dans son immeuble, la laissant plantée sur le trottoir. Qu'est-ce qui lui prenait ? Viola se sentit mal et repartit tristement. Une fois chez elle, elle s'assit sur son lit pour réfléchir. C'est vrai que le violon avait changé sa vie. Il lui avait ouvert la porte, et dehors elle avait découvert plein de possibilités. Comment faire comprendre à Benny qu'on n'était pas obligé de rester dans le noir, d'être aussi petit que les jours, aussi laid que la cité ? On pouvait grandir et embellir. On pouvait partir, même !

Elle courut vers le téléphone :

— Benny ? C'est moi. Écoute, je crois que j'aime mon violon parce qu'il m'a permis de partir.

— Alors pourquoi t'es toujours là ?

Elle commença à s'énerver :

— Mais parce que ce n'est pas si important, ici ou là ! Ce qui compte, c'est de s'envoler. Et ça, on peut le faire de partout. Tu comprends ?

— Ouais, je ne suis pas idiot. Mais moi, je ne peux pas partir.

— Si, Benny, tu dois.

— Non ! Pour moi c'est foutu. J'ai nulle part où aller. J'ai personne. Toi, tu as ton cher violon. Alors bon voyage avec ton AMI !

Et il raccrocha.

De ce jour il l'évita. Plus de longues conversations/discussions/disputes. Même pas de bonjour/ça va/et toi. Aucun sourire, aucun regard. Rien. Il ne la connaissait plus. Elle ne le reconnaissait pas. Viola avait de la peine mais ne le lui montrait pas. Elle était fâchée et le lui montrait beaucoup.

Elle se jeta dans le travail. Le violon d'abord et avant tout et tous. Le solfège, qu'elle avait appris à apprivoiser. Et le collège.

D'ailleurs, au collège, ça allait plutôt mieux qu'avant. Le solfège et ses noires pointées, ses mesures ternaires et autres demi-tons l'aidaient pour l'algèbre. La géométrie lui paraissait plus réelle depuis qu'elle s'envolait dans l'espace et que son archet dessinait des formes pures. En français, elle avait plus de choses à dire en rédaction, plus de facilité à se livrer. Et puis, à force de respecter les règles en musique, elle commençait à les respecter un peu en grammaire ! Quant à l'orthographe, elle progressait doucement grâce à ses emprunts à la bibliothèque.

D'apprendre par cœur toutes ces notes, cela avait musclé sa mémoire. Retenir les leçons d'histoire et de géographie lui paraissait beaucoup plus facile et rapide qu'avant. En anglais aussi elle réussissait mieux, en tout cas à l'oral : c'était comme une chanson, mélodieuse et bien rythmée.

Même si, dans les autres matières, elle n'obtenait pas de très bons résultats, elle était devenue plutôt bonne élève, et cela faisait plaisir à ses parents. Cela prouvait que le violon ne lui faisait que du bien.

En seconde langue elle avait choisi l'italien, la langue de l'opéra et des nuances. Elle se lança avec délices dans l'étude de cette langue roucoulante.

Cela la reposait du violon, mais c'était toujours le même travail : car c'était la langue de la musique.

Juste avant Noël, monsieur Setin décida d'organiser une audition. Tous les élèves devaient jouer un morceau devant les parents, d'autres professeurs et même des gens de la mairie. Tous les élèves. Y compris Viola.

Pendant des semaines elle vécut avec un nœud au creux du ventre. « Ça s'appelle le trac, mon petit, la rassura monsieur Setin. Tous les vrais artistes l'éprouvent. » Mais de savoir cela n'aidait pas beaucoup Viola.

Nadia lui cousit une jupe longue en velours vert foncé. Elle lui donnait l'air déguisée, mais déguisée en belle, en autrefois. Et ça lui plaisait bien de se voir en presque femme.

Bien sûr ses parents décidèrent de venir à cette audition. Nouveau malaise. Elle avait honte, honte de ses parents, honte qu'on les voie, et honte d'avoir honte d'eux. Le jour de l'audition, assis sagement avec leurs beaux habits, ils lui parurent déplacés et petits. Mais quand elle croisa leur regard fier et aimant, tout fut balayé et remplacé par une tendresse douloureuse. Elle les aimait, tout simplement.

Elle comprit qu'elle avait honte non pas tant de ce qu'ils étaient, mais parce qu'ils étaient ses parents. En fait, tout le monde semblait avoir honte de ses parents, même Élodie dont la mère était si élégante, même Martin dont le père était si riche. Pour tous honte et amour mêlés. Pour tous, sauf pour ceux dont les parents n'étaient pas venus. Pour eux, il n'y avait que la honte. Et la peine.

Quand vint son tour de jouer, elle regarda ses parents, puis monsieur Setin. Puis son violon. Et elle commença à jouer. À jouer comme jamais. La musique allait chercher tout le chagrin qu'elle avait enfoui en elle, un chagrin inconnu qui ressortait en notes désolées, si belles. Ce soir-là pour la première fois son violon pleura.

CHAPITRE 8

En janvier le violon fut enfin complètement payé. Enfin à elle. Il semblait le savoir, et se mit à jouer plus librement, comme soulagé. Ils étaient mariés maintenant, plus seulement fiancés. Et pas de divorce possible. Pourtant elle savait qu'il existait d'autres instruments plus beaux, plus suaves, plus tristes. Et plus chers. Mais Viola se refusait à y penser. Cela aurait pu faire de la peine à Violo. C'était le petit nom tendre qu'elle lui avait donné, car il était son pendant, son alter ego, son double. Il était elle.

Mais un après-midi, en rentrant de chez Nadia chez qui elle était allée goûter, elle ouvrit son étui et le trouva vide. Comme un cercueil, et c'était son violon qui était mort. Elle regarda autour d'elle : personne. Elle souleva fébrilement des piles d'habits qui traînaient, regarda sous son lit, en haut de l'armoire, et même dans le grand tiroir du bureau.

Mais rien. D'ailleurs, elle le rangeait toujours dans son petit lit de velours, tous les soirs elle le bordait.

Qui le lui avait pris ? Elle courut comme une folle vers la chambre de son frère et entra en criant :

— Rends-moi mon violon !

Une odeur de cigarette flottait dans la pièce, et son frère et ses copains avaient l'air bizarres. Marc grogna :

— Je l'ai pas pris, ton violon ! Casse-toi !

— Mais alors, où il est ?

— J'en sais rien, moi. Fous-moi la paix !

Qui alors ? Où alors ? Et pourquoi ?

Elle chercha sans y croire dans tout l'appartement. C'était comme un cauchemar, une maladie mortelle, un enlèvement.

Et puis son frère rouvrit sa porte et bougonna :

— Benny est passé tout à l'heure. Il a dit qu'il allait t'attendre dans ta chambre. Je l'ai entendu repartir avant que t'arrives.

Benny ? Benny lui avait pris son violon, l'avait emmené tout nu dans la rue ! Elle se tordit les mains en gémissant. Elle se sentait comme une mère désespérée dont l'enfant vient d'être kidnappé.

Pendant ce temps, le kidnappeur Benny marchait dans la rue, bien embêté. Le violon l'encombrait, et son acte encore plus. On aurait dit que l'instrument était vivant. Il se faisait lourd dans ses bras, comme un enfant fatigué. Et Benny n'avait pas de patience avec les enfants. Il avait assez de petits frères et sœurs braillards à la maison. Que faire ?

Il rentra chez lui, honteux comme un chien voleur, et se faufila dans sa chambre pour y cacher le violon sous son lit, dans une vieille valise. À ce moment on sonna. Il alla ouvrir, et c'était Viola, hurlant comme il ne l'avait jamais entendue, l'accusant, LUI ! Cela le révolta.

— Rends-moi mon violon !

— Quel violon ? demanda-t-il innocemment.

— Mon violon ! Rends-le-moi.

— Mais je ne l'ai pas, ton violon. Que veux-tu que je fasse avec ? Du skate-board ? Elle ne roule même pas, ta planche. Et je me prendrais les pieds dans les fils.

— Les cordes.

— Quoi ? Il pleut ?

— Non ! On dit des cordes pour un violon, pas des fils. Mais ce n'est pas le problème.

C'était toujours comme ça avec Benny. Il avait le don de l'entraîner dans des discussions sans intérêt. Chaque fois il l'emmenait loin d'elle, il la perdait. Elle se reprit et dit, sèchement :

— Arrête Benny. Rends-le-moi, tout de suite.

Pour toute réponse, il lui claqua la porte au nez.

Il retourna à sa chambre, encore plus mal à l'aise. Il devait le lui rendre, son sacré violon, il le savait bien. Mais de la voir l'accuser lui avait fait mal. Et de l'entendre lui donner des ordres l'avait rendu fou. Il lui rendrait... quand il voudrait. Et puis d'abord, pourquoi était-elle si sûre que c'était lui le coupable ? Elle devait vraiment le prendre pour un nul, de croire qu'il ferait une chose pareille ! Au fond, ça lui servirait de leçon, à Viola la fière, la trop bien pour lui !

Au milieu de ses maladroites tentatives de justification, son petit frère Mimi entra dans la chambre, frétillant comme un jeune chiot, pour jouer avec lui.

— Casse-toi de ma chambre.

— Mais c'est aussi ma chambre !

— Casse-toi, je te dis.

— Mais je veux jouer avec toi.

— Eh bien pas moi. Casse-toi, t'as compris ?

Larmes du petit frère qui s'en alla, le dos agité de sanglots. Benny en eut soudain marre d'être le méchant. Il le rappela :

— À quoi tu veux jouer, casse-pieds ?

Aussitôt Mimi se retourna et montra un visage réjoui.

— Au coursier.

— Au quoi ?

— Au coursier. Karim il a un frère qui est coursier, qui livre des trucs, des lettres, des paquets. Tu veux bien qu'on y joue ? Ça serait moi le coursier, et toi tu me donnerais des trucs à livrer, à maman, à la voisine, à des gens.

Brusquement la lumière inonda la chambre et l'humeur sombre de Benny. Il la tenait, sa solution ! Merci, idiot de petit frère.

— J'ai encore mieux que ça. Regarde cette valise. Qu'est-ce que tu crois qu'il y a dedans ?

— Une arme ? Une vraie ?

— Absolument. Une mitraillette. Tu dois aller la livrer d'urgence à l'adresse que je vais te donner. Mais attention ! Tu dois la remettre en mains propres – montre tes mains, si elles sont propres – à Viola, à personne d'autre.

— C'est à elle, la mitraillette ? À une fille ?

— T'occupe. D'abord, ce n'est pas une fille comme les autres. Elle est spéciale. C'est... Viola. Tu as compris ta mission ?

— Oui oui, mais... c'est pas trop dangereux ?

— Non, sauf si tu traînes en chemin ou si tu donnes la valise à quelqu'un d'autre. Et ne dis rien à personne ! OK ?

— OK, Benny. Je suis agent secret. C'est encore mieux que coursier, hein ?

— Cent mille fois mieux. Allez, file !

Chez elle, Viola pleurait. Que faire d'autre ? Appeler la police ? Retourner chez Benny avec son père ? Et s'il était trop tard ? Peut-être qu'il avait cassé son violon, ou vendu, ou brûlé. Perdu. Si on était dans un magasin, elle entendrait la voix débile d'une hôtesse susurrer : « Le petit Violo attend sa maman à l'accueil. » Mais chez elle, aucun message rassurant ne résonnait...

... On sonnait. Elle courut à la porte. Et si c'était lui, son violon, revenu tout seul sur ses petites jambes, tout sale et en larmes mais vivant ? Elle ouvrit la porte et leva les yeux, pensant voir Benny. Mais personne à cette hauteur. Alors elle abaissa le regard, jusqu'à un mini Benny, tout petit, mais tout semblable. Il avait un gros sourire étalé sur le visage et essayait maladroitement de lui faire un clin d'œil tout en lui tendant une valise noire. Il lui dit :

— Voilà ta mitr... enfin tu sais quoi.

— Oui oui, merci petit frisé.

Elle avait une voix si mouillée en disant ça qu'il commença à douter.

— C'est vraiment une mitraillette qu'il y a dedans ?

— Une mitraillette ? Mais qui t'a dit ça ?

— C'est Benny.

— Oh Benny, c'est le roi des idiots.

Elle était forte cette fille-là, d'oser dire du mal de Benny !

— Viens, je vais te montrer.

Elle ouvrit la valise et en sortit son arme, sauf que ce n'était pas une arme. C'était une caresse. Elle se mit à en jouer et cela fit une histoire, une beauté. C'était un secret, qu'il ne fallait pas répéter.

— Promis ?

— Promis !

Le mini Benny repartit, des lumières plein les yeux et des bonbons plein les poches. Viola resta avec son amour. Elle avait eu si peur, et lui aussi, sûrement. Elle joua un peu, doucement pour ne pas le brusquer, et puis le reposa tendrement. Elle se sentait bizarre, calme comme après une colère, épuisée comme après une grande peur. Mais douce et heureuse. En paix.

Sauf quand elle pensait à Benny.

Alors elle n'y pensa plus.

CHAPITRE 9

Benny s'attendait à des reproches, des cris, des larmes, des coups même. Il aurait tout supporté, pourvu qu'après ça soit fini et qu'on n'en parle plus. Mais elle ne le frappa pas. Ne lui dit rien non plus. Il n'y avait plus rien. Il n'y aurait plus rien. Parce que pour Viola, maintenant, il n'était plus personne.

Comment ressusciter ? Il lui avait fait du mal, il devait lui faire du bien. Il lui avait pris quelque chose, alors il devait lui donner quelque chose. Il chercha longtemps, Benny, le cadeau de la paix. Qui lui ferait comprendre qu'il tenait à elle, et qu'il regrettait ce qu'il avait fait.

Enfin, un jour de printemps timide, à la récréation, il s'approcha d'elle par-derrière et, avant qu'elle ait pu refuser, il lui fourra dans la main un tout petit paquet et lui chuchota à l'oreille : « Après. » Ça voulait dire : « Ne l'ouvre pas maintenant, sinon les autres vont me voir, te voir, savoir. Ils vont rire et nous casser. »

Viola cacha le petit paquet dans sa poche et s'éloigna vers les toilettes où elle s'enferma. Des filles tambourinaient à la porte en suppliant : « Ça presse, ça va sonner, ouvre ! » Et elle ouvrit, pas la porte mais le cadeau. Du papier maladroitement collé elle dégagea une petite broche en or, représentant un violon. Benny y avait joint le ticket de caisse, pour qu'elle soit sûre qu'il l'avait payée. Un vrai cadeau, pas volé. Un vrai violon. Un vrai ami.

Plus qu'un ami.

À la sortie le soir, il l'attendait. Elle lui sourit et chuchota « merci ». Ils rentrèrent ensemble, sans parler, sans se disputer.

Et plus tard, dans sa chambre, pour la première fois Viola fit rire son violon.

L'année s'écoula doucement. Benny allait mieux, et Viola en était heureuse. Il s'y était enfin mis. À quoi ? À son truc. Son mot à lui c'était « battre ». Mais il hésitait encore entre bagarreur et batteur, entre karaté et batterie, les arts martiaux et les arts musicaux. Viola lui conseillait la musique, bien sûr. Mais pas ses copains. À la fin il en eut marre d'hésiter, alors il choisit : il ferait les deux. Et la vie déciderait ce qu'elle préférait en lui : le bagarreur ou le batteur. Mais il serait toujours un battant.

Chez Viola, chacun vivait sa vie dans son coin. Parfois elle avait l'impression d'étouffer. Elle aurait voulu que son père lui parle, que sa mère l'écoute, que son frère la regarde et sourie. Ils semblaient tous si loin les uns des autres, comme des étrangers. Chacun portait sa fatigue et ses soucis, et cachait ses rêves. Pourtant ils étaient sa famille et elle les aimait. Mais elle ne savait pas leur dire autrement qu'en jouant.

Elle enviait Benny et sa famille de braillards. Chez eux il y avait toujours du bruit et de la chaleur. Même s'ils passaient leur temps à crier, se disputer et se maudire. Benny était comme ça lui aussi, tellement vivant. Ça lui faisait envie.

Elle aimait passer la main dans ses grosses boucles brunes, l'écouter parler à toute vitesse, sentir son bras posé sur ses épaules quand ils rentraient le soir et que personne ne pouvait les voir.

Pour tous la 3e arriva trop vite. La fin de l'année verrait leurs routes diverger. Certains parlaient déjà de quitter l'école, d'autres d'entrer dans un bon lycée à Paris. Dans quelques mois ils se sépareraient. Viola sentait qu'elle perdrait alors bien plus que des copains. Ils emporteraient avec eux son enfance et ses premières années d'adolescence, douloureuses et riches. Elle se sentait déchirée, regrettant le passé tout en espérant l'avenir. Elle aurait voulu être déjà adulte, sans jamais cesser d'être enfant. Elle vivait ces derniers mois de collège à la fois comme un barrage et comme un sursis. Avant le grand saut.

Elle se sentait inquiète, nerveuse et irascible. Elle était souvent fatiguée, et avait l'impression de ne rien réussir. Pour couronner le tout, monsieur Setin avait décidé de la faire se présenter à deux grands concours. Cela lui ferait de l'expérience et, qui sait, elle pourrait décrocher un prix. Mais les morceaux imposés étaient difficiles, très difficiles. Trop ?

Un jour, une de ses cordes, en cassant, lui sauta au visage et la gifla. Elle pleura, de douleur autant que de stupéfaction. Quoi ? Son violon lui voulait du mal ? Il lui faisait du mal ?

De toute façon rien ne marchait, rien ne jouait plutôt. Elle voulait du doux et n'obtenait que du grinçant. Elle jouait du rond et ça sortait carré. Elle croyait chanter, mais lui, il criait.

Et monsieur Setin aussi. Un mercredi il se fâcha, lui reprocha de ne pas assez travailler. Pas assez ? Mais elle avait l'impression de ne faire que ça !

— Eh bien justement, tu ne dois faire que ça.

— Que ça ? Mais l'école ? Les copains ? Le ciné ? J'ai besoin de rêver. Je veux avoir le droit de perdre mon temps !

— Plus le temps ! Tu dois te consacrer au violon. Oublie le reste, oublie les autres. Je veux que pour la prochaine fois tes morceaux de concours soient parfaitement sus. Et au mouvement, tu m'entends ?

Oh oui, elle entendait, Viola. Elle entendait son professeur, mais surtout elle s'entendait, elle, dire qu'elle n'en pouvait plus, crier qu'elle ne voulait plus.

— Dans ce cas, ce n'est plus la peine de venir. Tes concours, tu vas les rater. Et on ne te prendra dans aucune école. Si tu n'es pas prête à faire les sacrifices nécessaires, alors arrête tout de suite. Mais tu me déçois terriblement. Depuis le temps que nous travaillons ensemble, je croyais que tu étais sérieuse.

— Sérieuse, je le suis. Mais morte non. Mon violon a besoin que je vive pour que je le fasse vivre. Si je ne parle plus qu'avec lui, alors il n'aura plus rien à raconter. Je dois respirer pour qu'il ait de l'air, pour qu'il ait des airs.

— Tu dis n'importe quoi !

Viola partit en claquant la porte, cette porte qu'elle avait ouverte si doucement à sa première visite.

Elle sortit du conservatoire furieuse. Elle chassa de son esprit la dernière image qui lui restait de son professeur, celle d'un monsieur déjà vieux, fragile et passionné, qu'elle avait déçu. Abandonné. Elle ne voulait se souvenir que de l'injustice, de la révolte, du rejet. Il faisait déjà presque nuit. Son violon pesait à son épaule, il était froid et lourd, une charge, un poids mort. Elle rentra chez elle, le posa dans un coin et se coucha sans manger. Elle n'y toucherait plus. Elle ne retournerait plus au cours. Tout était trop dur : le prof, le violon, le monde, la vie !

Quelques jours passèrent. Elle alla à la piscine, au cinéma avec Benny, regarda la télé chez Nadia. Elle faisait ses devoirs dans le salon, et n'entrait dans sa chambre que pour se coucher. Mais la nuit, dans le noir, quand elle ne dormait pas, elle croyait entendre son violon pleurer doucement.

Comme elle.

Un soir, pendant le dîner, son frère dit :

— La maison est bizarre depuis quelque temps. Je ne sais pas pourquoi, mais il manque quelque chose.

C'était bien la première fois que Marc faisait allusion à son violon de manière positive. Enfin... positive... Il n'avait même pas réalisé que ce quelque chose qui manquait, c'était la musique incessante s'échappant de son violon et qui l'irritait tant d'habitude.

Personne ne releva la phrase de Marc. À croire qu'ils étaient tous sourds. Sourds au silence soudain. Ou indifférents ?

Les jours passaient, douloureux. Elle ne savait plus comment s'en sortir. Et personne ne pouvait l'aider. Parce que personne ne pouvait comprendre. Même pas elle.

Mais un mardi soir, presque deux semaines après ce que Viola appelait la rupture, sa mère entra dans sa chambre et s'assit sur son lit. Fatiguée, un peu lourde, pas maquillée. Sa mère, quoi. Elle se mit à parler à Viola, à lui parler comme jamais. Sa mère ? Cette femme un peu triste, douce, qui ne parlait pas bien mais qui comprenait ? Elle lui dit qu'elle était fière d'elle, de son travail et de sa passion. Elle voulait qu'elle réussisse, qu'elle ne gâche pas ce talent étonnant, ces années d'efforts. Mais elle lui dit aussi qu'elle l'aimait, avec ou sans violon, gagnante ou perdante. Et Viola se mit à pleurer, à gros sanglots de bébé, en répétant « Maman, je ne suis pas perdante, mais je suis perdue ». Sa mère la prit dans ses bras et la berça. Comme avant, du temps des câlins et de la vie simple. Du temps de maman. Ça serait toujours ce temps-là. Cette maman-là.

Une fois les larmes séchées et le drame raconté, elles allèrent à la cuisine se faire un chocolat chaud et du pain grillé. Et puis sa mère lui demanda :

— Alors, que veux-tu faire ?

— Reprendre bien sûr ! Je me sens si vide, si morte sans mon violon. Mais je ne peux pas retourner voir monsieur Setin. Pas après ce que je lui ai dit. De toute façon, il ne veut pas me revoir.

— Allons ! Il a dit ça parce qu'il était en colère. Je suis sûre qu'il regrette lui aussi, tout comme toi. Tu veux que demain papa t'accompagne à ton cours ?

Quelle idée ! Quelle drôle d'idée ! Quelle bonne idée !

Le lendemain, elle partit à son cours avec son violon armure et son père chevalier. Ils marchaient en silence, mais ce n'était pas grave. Viola se sentait protégée. Il lui donnait sa force. Avant d'entrer, il lui posa la main sur l'épaule et lui fit un petit sourire. Elle lui répondit :

— Merci papa. Tu peux m'attendre ici. Je n'ai plus peur. Mais attends-moi, hein ? J'ai besoin de toi pas loin.

Et elle entra dans la salle Bizet. Monsieur Setin était là, tout seul. Il la regarda, et elle vit de la tendresse dans ses yeux avant qu'il ne la cache derrière un air sévère. Elle commença à s'excuser, à s'expliquer, mais il la coupa :

— Assez de mots ! Les notes nous attendent. Joue, Viola.

Et elle joua. Sans plus s'arrêter.

Chapitre 10

Le mois de juin arriva sans crier gare. Tous durent choisir ce qu'allait être leur avenir, le tout proche mais aussi pour certains le lointain. Comme s'ils savaient déjà ce qu'ils voulaient, qui ils étaient, et ce qu'ils pourraient devenir !

Viola, elle, savait. Grâce à son premier prix à l'un des deux concours qu'elle avait passés, grâce aussi à sa réussite au conservatoire et à la très chaleureuse lettre de recommandation de monsieur Setin, elle avait été admise en seconde option musique au lycée de la ville voisine. Beaucoup d'élèves demandaient cette section, mais bien peu étaient retenus. Elle avait eu très peur de ne pas être prise. Mais tout s'était bien passé, et les années à venir s'annonçaient passionnantes.

Bien sûr, elle allait continuer le violon avec monsieur Setin. Elle ne pouvait imaginer un autre professeur que lui. Il avait été son père en musique, sévère mais bon. Il avait su la guider, la gronder, l'encourager. Grâce à lui la rencontre avec la musique avait pu se faire. Jamais elle ne pourrait assez le remercier. Sauf peut-être en devenant une grande violoniste. Mais ça, c'était prévu.

Au lycée elle vivrait dans un monde de musique, entourée de musiciens. Tous les autres élèves de sa classe seraient instrumentistes et passionnés, comme elle. Cela lui paraissait irréel, un peu effrayant même. Il ne faudrait pas qu'elle oublie le monde réel. Benny serait là pour ça, et sa famille aussi.

En plus des cours de musique, elle pourrait jouer dans un orchestre. Cela lui ferait du bien de ne pas toujours jouer seule, d'écouter les autres, de partager. Il y avait même un ensemble de musique de chambre, auquel elle espérait pouvoir se joindre. Benny trouvait que c'était une bonne idée, du moment qu'ils ne restaient pas dans une chambre...

Et après ? Elle passerait le bac lettres et arts option musique, et puis... on verrait. Entre professeur au conservatoire et virtuose internationale unanimement acclamée, la gamme des possibilités était infinie !

Ce qui était sûr, c'est que la musique ne quitterait jamais sa vie. Car elle était sa vie.

À la maison ça allait, avec des bas mais aussi des hauts. Sa mère l'énervait toujours, son père se taisait toujours, son frère s'en foutait toujours. Mais elle les aimait quand même, elle les aimerait toujours.

Nadia, elle, passa en seconde professionnelle. Cela lui convenait plutôt bien. Elle n'avait pas envie de faire de longues études, et préférait se lancer dans le monde du travail le plus tôt possible. Elle allait préparer un BEP métiers de la mode et était ravie. Viola espérait qu'elles resteraient amies, malgré l'éloignement, de leurs lycées et de leurs choix. De leurs vies.

Benny réussit à passer en seconde générale de justesse. Il n'avait pas de projets d'avenir, ou plutôt il en avait trop. Il voulait travailler, étudier, voyager, monter un commerce, devenir sportif de haut niveau, jouer dans un groupe de rap, et même se faire élire député (de son propre parti, bien sûr).

La seule chose qui ne changeait jamais, c'est qu'il voulait Viola.

Et Viola ? Elle le voulait bien... Il comptait beaucoup pour elle, presque plus que tout. Tout sauf... son violon. Cela énervait Benny qui parfois, pour se moquer d'elle, l'appelait « Violon ».

Mais cela ne la gênait pas. Viola ou violon, au fond, c'était pareil. Maintenant Viola aimait son prénom. Après tout, c'était lui qui l'avait amenée à la musique. Et c'était grâce au violon que la vraie Viola avait pu s'épanouir. Son prénom et son instrument allaient si bien ensemble qu'ils étaient devenus inséparables. Dorénavant ce serait toujours « Viola violon ». Car elle avait compris : c'était par « vie » que tout commençait.

Pour en savoir plus...

Le roman pour la jeunesse

« Toute lecture digne de ce nom se doit d'être absorbante et voluptueuse. Nous devons dévorer le livre que nous lisons, être captivés par lui, arrachés à nous-mêmes, emportés dans un tourbillon d'images animées, comme brassées dans un kaléidoscope. » Ainsi parle Robert Louis Stevenson, l'auteur de *L'Île au trésor*, du plaisir d'une lecture romanesque. Avec lui, laissons-nous entraîner dans les délicieux chemins de la fiction : pur plaisir d'être ici et ailleurs, dans les grands bois du Wisconsin, sur les routes américaines avec les enfants Tillerman, survolant la Norvège avec Nils Holgersson ou pénétrant tout simplement dans l'univers d'un enfant de notre âge et de notre pays, si proche et pourtant autre.

Si le romancier « promène un miroir sur une grande route » selon la formule de Stendhal, il nous renvoie aussi un miroir de nos propres sentiments parfois si confus, de nos émotions contenues, il sait nous éclairer sur nos craintes et nos doutes, donner forme à l'informe de la vie. Il nous parle, comme naguère le faisaient les contes de manière plus symbolique, des difficiles relations familiales, de l'amour, de l'amitié, de la mort aussi et le roman se fait alors roman d'initiation.

Mais il peut aussi nous faire rire, nous communiquer cet humour si indispensable pour appréhender plus sereinement le monde et nos propres difficultés.

Promenons-nous « dans les bois du roman », comme le proposait Umberto Eco. Le champ des productions romanesques est aujourd'hui immense. Il n'en a pas toujours été ainsi.

Le premier « roman » écrit pour un enfant – royal, certes ! – fut *Les Aventures de Télémaque* de Fénelon, roman didactique publié en 1699, inspiré des voyages d'Ulysse, destiné à enseigner morale et mythologie mais déjà roman d'aventure et d'initiation. Le XVIIIe siècle vit fleurir à côté de toute une littérature pédagogique et morale, l'adaptation de grands romans philosophiques destinés aux adultes : *Les Voyages de Gulliver*, de Jonathan Swift ou le *Robinson Crusoé* de Daniel Defoe (objet de multiples adaptations, au cours des siècles suivants).

Mais c'est le XIXe qui vit vraiment naître une littérature romanesque destinée à la jeunesse. Dès 1830 Charles Desnoyers invente dans *Les Mésaventures de Jean-Paul Choppart*, le premier garnement révolté et fugueur. À partir de 1850, dans la Bibliothèque rose, paraissent les romans de la Comtesse de Ségur, évocation d'un monde clos de l'enfance, cependant que se déploie en Angleterre la fantaisie de l'imaginaire avec *Alice au pays des merveilles* de Lewis Carroll, et l'éternel enfant de James Barrie qu'est *Peter Pan*. La fin du siècle voit le succès du roman de l'errance et de l'orphelin avec *Sans famille* d'Hector Malot ainsi que les grandes aventures utopiques de Jules Vernes.

Si le XIXe siècle peut être considéré comme l'âge d'or de la littérature enfantine, dont on publie régulièrement les classiques, certains ouvrages, certains auteurs jalonnent la création romanesque française du XXe siècle destinée aux enfants, et trouvent toujours leurs lecteurs. C'est bien sûr la fable morale du *Petit Prince* de Saint-Exupéry, publié à New York en 1943, l'humour et la satire des *Contes* de Marcel Aymé ou de Gripari, les gags irrésistibles, et le langage enfantin du *Petit Nicolas* de Sempé et Goscinny en 1960. C'est aussi le roman de la vie quotidienne qu'est *La Maison des petits bonheurs* de Colette Vivier (en 1939) ou encore les premières incursions dans un véritable roman policier (loin des séries stéréotypées) avec *Le Cheval sans tête* de Paul Berna (en 1955).

En 1970, la Bibliothèque internationale ouvre le champ des littératures étrangères, offrant ainsi aux lecteurs une initiation à la diversité des cultures et des imaginaires. Depuis sa création en 1980, Castor Poche-Flammarion a largement contribué à cette découverte d'auteurs et de cultures du monde entier en publiant, outre de grands succès de la littérature anglaise et américaine (le merveilleux *Jardin secret* de Frances Hodgson Burnett, *Jonathan Livingston le goéland* de Richard Bach, les romans de James Houston, Betsy Byars, Marilyn Sachs ou Cynthia Voigt), des auteurs allemands comme Hans Baumann, polonais comme Wanda Chotomska *(L'arbre à voile)* ou espagnols comme Carmen Martin Gaite *(Le petit chaperon rouge à Manhattan)*...

Les frontières se sont estompées entre littérature générale et littérature de jeunesse ; des auteurs reconnus s'inscrivent dans les deux registres : Michel Tournier, Daniel Pennac, J.M.G Le Clézio, pour n'en citer que quelques-uns. Seule la poétique diffère, écrit Pennac, la thématique peut être la même.

Depuis les années quatre-vingt, la création romanesque aborde en effet des genres et des thèmes jusqu'alors « réservés ». Si l'humour et l'aventure sont toujours de mise, le roman historique évoque les conflits et les drames de notre temps ; romans policiers et romans noirs adoptent les recettes et les ressorts de la littérature adulte ; les intrigues des romans psychologiques s'inscrivent sur fond de secrets de famille et bousculent à l'occasion les tabous.

Sans doute le monde contemporain, ses angoisses et ses culpabilités se sont-ils introduits dans la fiction romanesque adressée à la jeunesse mais la qualité spécifique de ces textes réside toujours dans un certain mode d'écriture, une voix qui sait raconter, émouvoir sans troubler ni désespérer, et nous initier à la merveilleuse aventure de la lecture. Écoutons encore Stevenson : « Les mots, si le livre nous parle, doivent continuer à résonner à nos oreilles comme le tumulte des vagues sur le récif, et l'histoire repasser sous nos yeux en milliers d'images colorés. »

Flaubert (qui n'écrivait pas du tout pour les enfants) prêtait une couleur à chacun de ses romans. N'y aurait-il pas une couleur propre aux romans écrits pour la jeunesse ? À nous de la découvrir, de la savourer.

Claude Hubert-Ganiayre

Rachel Hausfater

L'auteur est née à Paris, mais a beaucoup voyagé pendant sa jeunesse. Elle a exercé de nombreux métiers avant de devenir professeur d'anglais dans un collège de la banlieue parisienne. La musique tient une place importante dans ses romans... et dans sa vie. Elle joue du piano quand elle trouve un peu de temps. Elle est mariée et a trois enfants, qui tous jouent d'un instrument (piano, violon et alto).

Du même auteur, chez Flammarion jeunesse :

Miralaide, Mirabelle
De Sacha à Macha (co-écrit avec Yaël Hassan)

Frédéric Rébéna

L'illustrateur de la couverture est né à Clermont en 1965. Après des études à l'ENSAD, il se dirige vers la bande dessinée. Il travaille essentiellement pour la presse, l'édition et la publicité. Il réalise également des pochettes de disques.

Table des matières

ROMANS

Tout un monde de lecture
entre les mains.

TITRES DÉJÀ PARUS

Flammarion jeunesse

De Sacha à Macha

Rachel Hausfater et Yaël Hassan

Derrière son ordinateur, Sacha envoie des mails à des destinataires imaginaires, comme autant de bouteilles à la mer. Jusqu'au jour où Macha répond. Commence alors une bien étrange correspondance, pleine de tâtonnements mais aussi de confidences... Est-ce le début d'une belle amitié ?

« Tu m'as fait une de ces peurs ! J'ai eu l'impression que j'allais tomber dans un gouffre. Tu es la seule personne qui m'ait tendu la main : j'ai besoin que tu me la tiennes encore un peu. Beaucoup. Longtemps. Toujours. »

Claudine de Lyon

Marie-Christine Helgerson

Claudine a onze ans, elle travaille dix heures par jour dans l'atelier de son père, à tisser de la soie. Mais cette vie épuise la petite fille qui tombe gravement malade. Pour guérir, elle part à la campagne. Claudine veut retrouver la santé et elle n'a pas envie de retourner à Lyon pour travailler. Ce qu'elle désire par dessus tout, c'est aller à l'école et réaliser son rêve : savoir lire, écrire et surtout dessiner.

« J'en ai assez de recevoir des ordres. Je veux choisir pour moi. Je sais bien ce que je ferai : j'irai à l'école, j'apprendrai des tas de choses et je ferai des dessins encore plus beaux que ceux de Carlo. »

Jonathan Livingston le goéland

Richard Bach

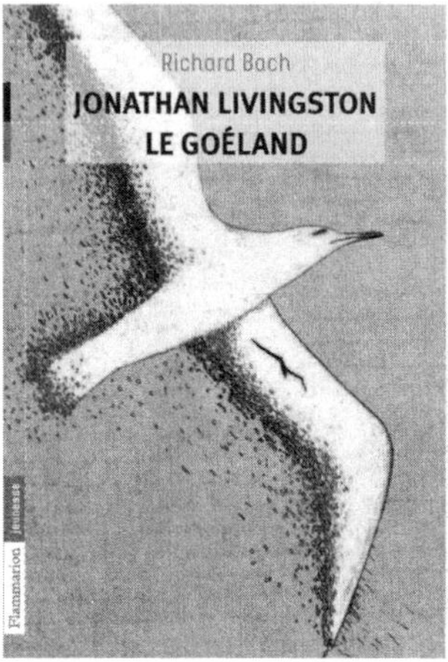

Jonathan Livingston n'est pas un goéland comme les autres. Sa seule passion, c'est de voler toujours plus vite, toujours plus haut. Incompris des autres goélands, il est chassé du clan. Il poursuit, solitaire, sa quête de liberté. Sera-t-il condamné à vivre son rêve seul ?

« Il remarqua qu'aux vitesses extrêmes plusieurs plumes dressées simultanément le faisait tournoyer comme une balle de fusil… Jonathan venait de réussir la première acrobatie aérienne de toute l'histoire terrestre des goélands. »

Flammarion jeunesse

Chaân, la rebelle (tome 1)

Christine Féret-Fleury

3 500 ans avant notre ère, au cœur de la Préhistoire… Chaân, une jeune fille éprise de liberté, défie les lois de son peuple en apprenant à chasser en secret. Elle est alors rejetée par tous les habitants du village et par son propre père. Chaân semble prête à tout pour conquérir son indépendance. Mais saura-t-elle surmonter les épreuves qui l'attendent ?

« Non, elle ne laisserait personne l'empêcher de vivre à sa guise. S'il le fallait, elle se battrait. Elle supporterait les pires épreuves… »

Le premier épisode des aventures de Chaân.

Flammarion jeunesse

Jun-ling, une enfance chinoise
Adeline Yen Mah

Orpheline de mère, Jun-ling est le souffre-douleur de sa famille. Ses frères et sa sœur lui reprochent la mort de leur mère et son père la néglige. Soutenue par son grand-père Ye Ye et sa tante Baba, Jun-ling apprend à avoir confiance en elle et à partager leur amour des lettres. Elle y puisera la force de prendre son envol...

« Tu as à l'intérieur de toi quelque chose d'unique, de précieux, je l'ai toujours senti. Tu ne dois pas le gaspiller. Il faut leur prouver qu'ils ont tort. Promis ?
- Juré ! »

L'heure du renard

Marie-Claude Bérot

Isa est une petite fille peu ordinaire.
Elle connaît chaque plante, chaque animal, chaque étoile.
Elle aurait même de mystérieux pouvoirs...
Isa aime se réfugier dans la forêt où elle peut écouter
la nature lui souffler ses secrets. Un jour, à la tombée
du soleil, elle rencontre un renard sauvage.
Les destins de la bête et de l'enfant semblent liés...

*« - Ne bouge pas, je vais revenir. Tu entends, je vais revenir.
Le renard, comme s'il avait compris, souleva ses paupières
et les laissa retomber. »*

Flammarion jeunesse

L.O.L.A.
Claire Mazard

Qui adresse du courrier à Lola sans le signer ?
Pourquoi un inconnu l'a-t-il choisie comme confidente ?
Pour la jeune collégienne, ces lettres anonymes sont d'abord agaçantes, puis touchantes et finalement intrigantes.
Lola décide de mener son enquête.
La réponse est pourtant si proche d'elle...

« À la fin de la troisième lettre, en bas de la page, quelques lignes avaient été rajoutées : Je ne saurais te redire, Lola, combien cela m'aide de te raconter mon histoire. »

Flammarion jeunesse

L'île au trésor

Robert Louis Stevenson

Jim Hawkins, jeune garçon courageux, s'embarque sur un navire à la recherche d'un trésor enfoui sur une île déserte. Il se trouve alors aux prises avec des pirates patibulaires, dont un certain Long John Silver doté d'une jambe de bois. Cette aventure incroyable nous plonge dans un monde de pirates sanguinaires, plus vrais que nature, qui s'entredéchirent sur une île brûlée par le soleil. L'affrontement sera sans merci...

« En admettant que j'aie ici dans ma poche un indice capable de nous guider vers le lieu où Flint a enterré son trésor, croyez-vous que ce trésor serait considérable ? »

Flammarion jeunesse

Imprimé à Barcelone par:

CPi
BLACK PRINT

Composé par Nord Compo Multimédia
7, rue de Fives, 59650 Villeneuve-d'Ascq

Dépôt légal : avril 2012
N° d'édition : L.01EJEN000847.N001
Loi n° 49-956 du 16 juillet 1949
sur les publications destinées à la jeunesse